LES HIGHLANDS D'ECOSSE

Texte d'Elisabeth Fraser

My heart's in the Highlands, my heart is not here;
My heart's in the Highlands, a-chasing the deer;
A-chasing the wild deer, and following the roe –
My heart's in the Highlands wherever I go.

Robert Burns

(Mon cœur est dans les Highlands, il n'est pas ici ;
Mon cœur est dans les Highlands, il traque le cerf ;
Il traque le cerf sauvage et suit la trace du chevreuil ;
Mon cœur est dans les Highlands où que m'entraîne la vie.)

Table des matières

JARROLD

Introduction

Les Highlands écossais comptent parmi les plus beaux paysages d'Europe. Cette vaste région qui couvre près des deux cinquièmes de l'Ecosse est très peu peuplée. Sur le plan géographique, la grande faille qui divise les Highlands (Highlands Boundary fault line) et se forma il y a 400 millions d'années suite au plissement de l'écorce terrestre constitue une division très nette entre les Highlands (terres hautes) et les Lowlands (terres basses) d'Ecosse. Dans les Highlands, l'érosion des roches par les rivières et les glaciers a façonné une région au caractère et à la beauté sauvages. Cette division et les deux types de paysage expliquent les modes de vie très différents des habitants des deux régions. La faille frontière des Highlands coupe l'Ecosse en deux par une diagonale : elle commence au nord de l'île d'Arran, traverse la mer jusqu'à Helensburgh, Aberfoyle, Comrie, Blairgowrie et Edzell pour finir sa course à Stonehaven. Toute la région au Nord de la faille est généralement considérée comme étant les Highlands, bien que la région Est soit par endroits assez plate.

Certains des plus grands massifs montagneux britanniques se trouvent dans les Highlands et plus de 500 sommets dépassent 900 m d'altitude. Le Ben Nevis, dans la région de Lochaber, est le sommet le plus élevé (1.344 m). La plupart des zones montagneuses sont situées dans l'Ouest des Highlands mais les massifs les plus compacts, les Grampians et les Cairngorm Mountains, se trouvent sur une ceinture plus centrale et plus à l'Est. En hiver, les hauts sommets sont couverts de neige qui fond au printemps et descend en cascade le long des crevasses et des ravines pour se jeter dans les fleuves et les lochs.

Les Highlands sont célèbres pour leurs lochs (lacs) dont on peut généralement faire le tour en voiture. Le tour du Loch Awe (123 km), par exemple, commence et finit à Taynuilt, près d'Oban le long de petites routes peu fréquentées qui traversent la splendide région d'Argyll. Le Loch Lomond est le plus grand loch écossais : 37 km de long sur 8 km dans sa partie la plus large. Le long de ses rives se trouvent de nombreuses forêts et trente-trois petites îles flanquées de montagnes. Le loch le plus profond est le Loch Morar (305 m). On aperçoit ses fameux sables blancs depuis la route qui mène à Mallaig. Le Loch Ness a une profondeur officielle de 210 m, mais il est sans doute beaucoup plus profond par endroits. Il fait environ 38 km de long, sa largeur moyenne est de 1,6 km et son volume de 7.504 m³. Le Loch Ness est particulièrement impressionnant et c'est dans ses profondeurs obscures qu'est censé se cacher le fameux

monstre. Parallèlement aux lochs de montagne, les Highlands comptent aussi de nombreux lochs de mer. Le Loch Linnhe, sur la faille du Great Glen (qui date de la même période que la faille frontière des Highlands), s'aventure plus avant dans les terres que la plupart des lochs de mer.

La faune vient encore ajouter à la magie des Highlands. On y rencontre des cerfs, des chèvres et des chats sauvages, des loutres, des blaireaux, des martres, des

dauphins et des phoques. Dans les régions montagneuses les plus reculées, on peut apercevoir des aigles royaux, des buses et des balbuzards, et depuis quelques temps, l'aigle de mer revient y nicher. Pendant les milliers d'années qui ont suivi la période glaciaire, la majeure partie des Highlands était couverte de forêts de feuillus et de pins sylvestres. La faune était riche en lynx, cochons sauvages, élans, rennes, ours et loups. Au fil des siècles, ces animaux disparurent progressivement, l'homme, le bétail et le feu détruisant les forêts. Créée en 1919, la Forestry Commission, l'organisme responsable des forêts, renversa la tendance en reboisant de vastes zones des Highlands pour les générations futures. Récemment, des rennes ont été réintroduits avec succès dans les Cairngorm Mountains.

La côte des Highlands offre des paysages variés. Dans les Western Isles par exemple, les plages de sable doré sont un véritable plaisir. Les chemins de randonnée explorent des rivages reculés où les phoques gris s'ébattent dans les eaux profondes. Ils sortent la tête de l'eau et s'interpellent ou s'aventurent sur les rochers, la peau luisant au soleil. Ils se fondent si bien dans le paysage qu'il est difficile de les apercevoir. La côte Ouest est émaillée de lochs de mer dont les rives tombent parfois à pic dans les vagues. Les nombreuses côtes rocheuses offrent de merveilleux points de vue, comme à Duncansby Head près de John o' Groats dans le Caithness, à la pointe Nord-Est des Highlands. Là, on peut marcher au bord des falaises et admirer les ravines profondes et déchiquetées avec leurs grottes cachées et les immenses pics qui trouent la mer, les "Stacks". Les corniches abritent une multitude d'oiseaux de mer qui se disputent bruyamment un coin où se percher.

Fort William et le Ben Nevis vus du Loch Linnhe

Les habitants des Highlands, dont la langue est le gaélique, furent autrefois sous la domination des clans. Chaque clan possédait son chef et son territoire. Les siècles ont passé mais la fierté d'appartenir à un clan et de conserver son nom est restée bien vivante. Le festival gaélique, "The Mod", reste un des grands événements de la région. Chaque année, il est organisé par An Comunn Gaidhealach dans une région d'Ecosse différente. Les ballades anciennes sont particulièrement émouvantes quand elles sont chantées par des voix gaéliques dont la profondeur et la clarté ont une beauté singulière.

Avant la révolution jacobite de 1745, le mode de vie des habitants des Highlands était très différent. Ils étaient beaucoup plus nombreux et vivaient généralement au sein de communautés agricoles autonomes. Les fermiers ou "crofters" dépendaient des chefs de clan propriétaires de leurs terres et vivaient dans de petites maisons baptisées "Black Houses" (maisons noires) à cause du feu de tourbe qui les chauffait et en noircissait les murs. Ces chaumières basses en pierre et les bâtiments de ferme étaient sous le même toit. Les fermiers élevaient du bétail et des moutons qui paissaient sur les montagnes et sur les landes. Ils cultivaient de l'avoine et d'autres denrées sur les versants les moins élevés au moyen de "lazy beds", un type de terrasse que l'on rencontre encore aujourd'hui dans les Highlands.

Avec le temps, de nombreux changements affectèrent la propriété terrienne et la gestion des terres. Au début du 19e siècle, par exemple, l'Angleterre eut de plus en plus besoin de laine. Les chefs de clans, désireux de ne pas perdre une occasion de s'enrichir, cherchèrent le moyen d'augmenter leur cheptel. Malheureusement, la plupart des terres étaient louées à de nombreuses petites fermes. Certains propriétaires sans scrupules, ne tenant aucun compte des droits des fermiers, les chassèrent de leurs terres et les forcèrent à s'exiler. Cette période cruelle de l'histoire des Highlands est connue sous le nom de "The Clearances".

Il reste cependant quelques fermes dans les zones les plus reculées et notamment dans les îles. Les fermiers

Splendide coucher de soleil sur Iona

continuent à filer et tisser la laine et leurs droits sont désormais protégés par la loi. Ils ont également conservé le droit de couper de la tourbe pour se chauffer et on en voit souvent de gros tas qui sèchent au bord des routes. L'odeur de la tourbe qui brûle est caractéristique des Highlands.

La construction de plusieurs grands ponts (les ponts de Forth, Tay et Friarton) dans les années soixante a bien facilité l'accès aux Highlands depuis l'Est. Les ponts de Ballachulish, Kessock, Kylesku et Dornoch, et les nombreuses chaussées, ont encore amélioré les communications dans toutes les régions. Un autre pont est en projet : il traversera un loch de mer, le Loch Alsh, et reliera l'île de Skye au continent.

En 1724 déjà, le général Wade était arrivé de Londres pour améliorer les communications dans les Highlands et essayer de prévenir d'autres soulèvements contre la monarchie de Hanovre. A l'époque, les Highlands n'étaient parcourus que de sentiers et de chemins pour conduire le bétail et les moutons au marché. Le général Wade avait devant lui une gigantesque tâche. En 1724, il commença par reconstruire Fort William, puis il bâtit Fort Augustus et Fort George. La splendide forteresse de Fort George existe toujours. Des routes de liaison furent alors construites, suivies d'autres routes et de ponts.

Quand le général Wade quitta l'Ecosse, Thomas Telford fit construire de nombreuses routes supplémentaires au début du 19e siècle. Sa plus grande prouesse technique reste le Caledonian Canal, qui suit la faille du Great Glen sur toute sa longueur, d'Inverness dans le Nord-Est à Loch Eil près de Fort William dans le Sud-Ouest. Le canal parcourt au total plus de 96 km. Les lochs Lochy, Oich et Ness sont reliés par 33 km de voies navigables artificielles ponctuées de 29 écluses. Les huit écluses situées entre Corpach et Banavie ont été surnommées "Neptune's Staircase" (l'escalier de Neptune). Le canal est aussi très apprécié des plaisanciers qui peuvent y pénétrer en venant du Loch Linnhe et naviguer à loisir sur cette splendide étendue d'eau, toute empreinte de calme et de tranquillité.

Reflet du ciel dans le Loch Lomond

Le Loch Lomond à Balmaha

Soleil matinal sur Urquhart Bay, Loch Ness

Une buse dans la bruyère des Highlands

Rennes "blancs" dans les Cairngorm Mountains

Une plage de sable isolée sur South Harris

La côte spectaculaire à Duncansby Head, près de John o' Groats

La "black house" (maison noire) d'Arnol, Lewis
Eleveurs marquant les moutons sur South Uist

La plus ancienne ferme, sur South Uist. On aperçoit Lochboisdale au loin

Au 19e siècle, Forth Rail Bridge facilita l'accès aux Highlands
Kessock Bridge relie Inverness à Black Isle

*Très sobre, Kylesku Bridge,
près de Kylestrome,
s'inscrit dans le paysage
sans l'enlaidir*

Vue aérienne de Fort George, près de Nairn

*Tay Bridge à Dundee
est une des portes des Highlands*

Joueur de cornemuse devant Blair Castle, Blair Atholl

Les Grampians et les Cairngorm Mountains

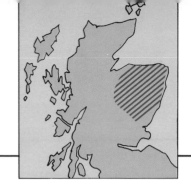

Le massif des Grampians rejoint les Cairngorm Mountains près d'Aviemore. Cette zone montagneuse très vaste est une des rares régions d'Ecosse où il reste encore de somptueuses forêts de pins de Calédonie. En 1954, près de 250 km² des Cairngorm Mountains, situés dans la propriété Rothiemurchus appartenant à la famille Grant, furent confiés au National Nature Reserve (Réserve naturelle nationale).

La région compte plusieurs domaines skiables qui attirent de nombreux amateurs quand le temps le permet. Le plus grand domaine se trouve près d'Aviemore à l'extrémité des Cairngorm Mountains du nord. La saison de ski dure de décembre à mai, mais le télésiège, le Second Stage Cairngorm Chair Lift, qui monte à 1.100 m d'altitude, est ouvert toute l'année. Le Lecht Ski Centre se trouve sur la route Tomintoul-Braemar et le Glenshee Ski Centre est situé au sommet du col de Cairnwell dans les Grampians. Autrefois, la route de Blairgowrie traversant les Grampians était très dangereuse, surtout au Devil's Elbow (coude du diable), surnommé ainsi en raison d'un virage en épingle très raide, mais depuis quelques années, le coude a été redressé et la montée vers le sommet de Cairnwell est beaucoup plus sûre. Du sommet, la route continue jusqu'à Braemar, célèbre pour les Royal Highland Games, jeux qui sont organisés chaque année et auxquels assiste la famille royale d'Angleterre.

Balmoral Castle à Crathie est la résidence écossaise de la famille royale. Le château fut acheté en 1852 par le Prince Consort pour la reine Victoria qui avait été subjuguée par la beauté grandiose des paysages écossais lors d'une visite dans la région. Depuis cette date, la route de Braemar à Aberdeen est connue sous le nom de "Royal Deeside". Le château de Balmoral est ouvert au public à certaines périodes de l'année, quand la famille royale n'y séjourne pas.

La région compte d'autres châteaux intéressants ouverts au public. Le National Trust for Scotland s'occupe de nombre d'entre eux, comme Craigievar Castle, à 41 km à l'Ouest d'Aberdeen, Crathes Castle et Drum Castle près de Banchory. Braemar Castle, ancienne demeure des comtes de Mar transformée par la suite en caserne, appartient désormais aux Farquharsons d'Invercauld et vaut la peine d'être visité. La pittoresque église paroissiale de Crathie, où la famille royale se rend quand elle séjourne à Balmoral, est également ouverte au public.

La route de Tomintoul, le plus haut village de la région, est une des plus sauvages et des plus montagneuses des Highlands. En hiver, elle est souvent coupée par les abondantes chutes de neige. En août, quand la bruyère est en fleur, rien n'est plus émouvant que ces kilomètres de paysage montagneux drapés d'un violet profond qui se marie si parfaitement avec le gris des rochers.

Tomintoul fait partie du Whisky Trail, la route du whisky, qui attire de très nombreux visiteurs depuis quelques années et couvre une bonne partie du Speyside. De nombreuses distilleries sont ouvertes au public et la plupart d'entre elles proposent un "wee dram" (petit verre) après la visite. Grantown-on-Spey près de Tomintoul est la villégiature idéale pour les pêcheurs à la ligne et les alpinistes.

Aberdeen est située à l'Est des Grampians. La "ville de granit" du Nord possède l'architecture la plus intéressante des Highlands et de nombreux bâtiments très anciens. Depuis la découverte du pétrole écossais, Aberdeen s'est énormément développée bien que la pêche ait toujours été une grande industrie locale. Le tourisme a également pris de l'ampleur. D'Aberdeen, on peut accéder directement aux îles Shetland et à Fair Isle par les navires de la P&O, et explorer le Royal Deeside, la route du whisky et la route des châteaux.

Au sud-ouest d'Aberdeen, à Banchory, la route B974 traverse montagnes et landes sauvages, qui se couvrent de bruyère violacée fin août. La route traverse Fettercairn et arrive à Edzell où une bretelle continue sur Kirriemuir, ville natale de James Barrie, l'auteur de *Peter Pan*. Quelques kilomètres au Sud se trouve Glamis Castle (ouvert au public) où la Reine mère d'Angleterre passa une partie de son enfance.

Devil's Elbow, sur la route de Braemar par le Glen Shee, avant le redressement du virage

Skieurs dans les Cairngorm Mountains
La rivière Dee, riche en saumons, près de Balmoral Castle

Craigievar Castle, près d'Alford, est couronné de tourelles de conte de fées

Balmoral Castle, résidence écossaise de la famille royale, en automne

Crathes Castle vu des magnifiques jardins

*L'église paroissiale de
Crathie, fréquentée par la
famille royale britannique
lorsqu'elle séjourne au
château de Balmoral*

*La façade austère de
Braemar Castle*

Paysage typique des Cairngorm Mountains en août – une mer de bruyère violette dominée par des montagnes

On peut visiter Dallas Dhu Distillery, près de Forres, qui continue à utiliser les méthodes ancestrales de fabrication du Scotch whisky

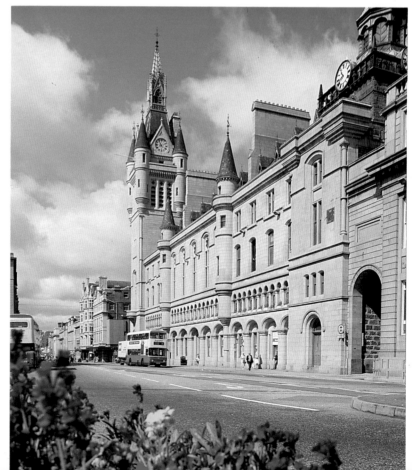

Union Street à Aberdeen a conservé le caractère traditionnel de la ville

Les ruines d'Edzell Castle ont été classées monument historique

Glamis Castle, où la Reine mère d'Angleterre passa une partie de son enfance

Le Loch Lomond et les Trossachs

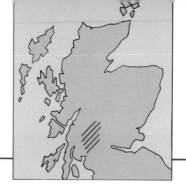

Il ne fait aucun doute que les deux ouvrages de Sir Walter Scott, *La Dame du lac* (publié en 1810) et *Rob Roy* (1818) contribuèrent à la popularité des Trossachs. Les règles de la propriété terrienne ont bien changé depuis l'époque de Walter Scott. Aujourd'hui, le plus gros propriétaire des Trossachs est la Forestry Commission ; l'ensemble de la région fait partie du Queen Elisabeth Forest Park, qui s'étend jusqu'à Rowardennan sur la rive Est du Loch Lomond et comprend le Loch Ard, le Loch Achray et le Strathyre à l'Ouest du Loch Lubnaig.

Au fil des ans, la Forestry Commission a suivi deux grands programmes : un plan de protection de la nature visant à protéger, surveiller et recueillir des données sur la faune de la région, et un plan de loisirs visant à étendre et à encourager le respect des randonnées balisées, des terrains de camping et des aires de pique-nique créés par la Commission. Ses deux plus grands soucis sont les risques d'incendie et l'érosion des chemins de randonnée. Les grands marcheurs peuvent explorer quatre Bens balisés : le Ben Venue, le Ben Ledi, le Ben An et le Ben Lomond. L'ascension est un plaisir et la vue des sommets grandiose. Mieux vaut partir de bonne heure, surtout pour monter à l'assaut du Ben Lomond. Les promeneurs moins dynamiques préféreront les marches en forêt, où abondent les fleurs sauvages et où un cerf s'aventure parfois timidement hors de sa cachette.

Le Queen Elizabeth Forest Park Centre est situé près d'Aberfoyle. On y accède par une route en lacet qui part de Callander et passe par le Duke's Pass (col du Duc). En 1960, le Carnegie Trust offrit les locaux du centre d'accueil touristique à la Forestry Commission. A l'époque, le bâtiment s'appelait David Marshall Lodge, du nom du président du Trust. Né à Dunfermline, Andrew Carnegie émigra en Amérique et y fit fortune dans la sidérurgie. Mais il n'oublia jamais sa terre natale et créa le Carnegie Trust, une société de bienfaisance.

Strathclyde Regional Council Water Department (société des eaux) possède 11.000 ha de terre dans les Trossachs, dont le Loch Arklet près de Stronachlachar et le Loch Katrine, où se trouvent un centre d'accueil touristique et un salon de thé. C'est à cette extrémité du loch qu'ont lieu les départs du "screw steamer" (bateau à vapeur à vis) de la société des eaux, le *Sir Walter Scott*. Ce bateau, qui descend jusqu'à Stronachlachar, brûle du combustible non polluant et n'a aucun effet néfaste sur l'environnement et sur les eaux du Loch Katrine. En 1855, une loi avait stipulé que le Loch Katrine devait rester le réservoir d'eau potable des habitants de Glasgow. On construisit un barrage pour élever le niveau de l'eau qui fut par la suite relevé encore deux fois par une loi de 1919. Il faut noter que c'est uniquement par gravité que l'eau circule dans les conduites qui alimentent Milngavie près de Glasgow.

A la fin des années 1940, la ville de Glasgow acheta au comte d'Ancaster le domaine entourant le Loch Katrine, qui comprenait Brenachoile Lodge, plusieurs fermes et de nombreuses petites maisons. Ce magnifique domaine est soigneusement entretenu par la société des eaux, qui est aujourd'hui un des plus gros éleveurs de moutons d'Ecosse. Les voitures sont interdites, sauf pour l'accès au domaine. Les bateaux de plaisance ne sont pas autorisés

Le Loch Ard et le Ben Lomond à l'arrière-plan

sur le loch et la sylviculture n'est pas pratiquée dans le domaine (bien qu'il y ait des arbres à l'état naturel), parce que s'ils étaient trop nombreux, les arbres risqueraient de faire baisser le niveau de l'eau. La pêche à la ligne est réglementée. Le Loch Katrine est une véritable splendeur et les promeneurs sont les bienvenus.

La nationale A82 du Loch Lomond part de Glasgow et grimpe le versant Ouest du loch jusqu'à Ardlui d'abord, puis jusqu'à Crianlarich et Tyndrum. La route moins fréquentée de la rive Est va de Drymen à Rowardennan. A cet endroit-là, le sentier de randonnée West Highland Way mène à l'extrémité du loch, où se trouvent les chutes de Falloch et à Crianlarich, Tyndrum et Fort William où il se termine.

Une autre route touristique relie Aberfoyle à Stronachlachar et continue ensuite sous forme de route forestière sans signalisation. Elle mène à l'Inversnaid Hotel sur le Loch Lomond, où la vue est splendide. Entre Inversnaid et Rowardennan culmine le puissant Ben Lomond qui domine les environs. De Balloch, de nombreuses promenades en bateau offrent une vue panoramique du Loch Lomond. Callander est une ville historique florissante située près des Trossachs et des chutes de Leny. L'office du tourisme du Loch Lomond, de Stirling et des Trossachs y a ouvert le centre d'accueil

touristique Rob Roy et des Trossachs. De Callander, l'A84 mène à Lochearnhead, célèbre pour ses sports nautiques, et c'est là que la route rejoint l'A85 de Crieff. Crieff est un bourg pittoresque. On y trouve notamment une verrerie et une très ancienne faïencerie, la Portobello Pottery Company. On peut également visiter la distillerie de whisky des environs de Crieff.

L'A85 passe par le Glen Ogle et arrive à Killin, où on peut admirer les Dochart Falls, célèbres chutes qui descendent en cascade sur d'énormes rochers. Après une grosse averse, le spectacle est inoubliable et quand le Ben Lawers est couronné de neige, la scène est féerique. On perd toute notion du temps en écoutant le grondement incessant de l'eau depuis le vieux pont.

Après Killin, on peut emprunter deux petites routes touristiques. La première mène au Glen Lochay et la seconde traverse la montagne pour rejoindre le Glen Lyon près du centre Ben Lawers du National Trust for Scotland. Le Glen Lyon est un endroit sauvage et pittoresque où l'on peut apercevoir de grands troupeaux de cerfs. Au pont de Balgie, la route Est continue vers la ville historique d'Aberfeldy, en passant sur un pont à cinq arches construit par le général Wade en 1733. Non loin se trouve le chemin de randonnée "Birks of Aberfeldy" qui suit la ravine sauvage des chutes de Moness.

*Le panorama sur le Loch
Katrine et le Ben Venue
est splendide*

*Vue de Tyndrum et des
montagnes environnantes*

Le Loch Lomond vu d'Inversnaid, sur la rive Nord-Est

*Crieff, une des portes
des Highlands, parée
de couleurs automnales*

*Les superbes chutes
de Dochart, à Killin*

*Callander, avec la rivière
Teith au premier plan et le
Ben Ledi en toile de fond*

*Le pont General Wade sur
la Tay, à Aberfeldy*

Argyll et les îles

Argyll, dans le Strathclyde, est la région la plus au Sud des Highlands et peut-être la plus belle d'Ecosse. Quand on vient de Crianlarich par l'A82 de Glasgow, la route vire à gauche au carrefour de Tyndrum pour rejoindre l'A85 qui mène à Oban, tandis que l'A82 continue jusqu'à Fort William en passant par Glencoe. L'A85 traverse le Glen Lochy avant d'arriver à Dalmally, village situé près de Kilchurn Castle, bastion des Campbells. (Par le train, la West Highland Railway line suit également cet itinéraire touristique jusqu'à Oban.) Kilchurn Castle occupe une position dominante sur une petite péninsule à l'extrémité du Loch Awe. Au départ, le château comportait seulement une tour de garde, construite au 15e siècle par Sir Colin Campbell de Glen Orchy. En 1693, cette tour fut transformée en château avec la construction d'un mur d'enceinte par le premier comte de Breadalbane dont l'épouse était une Campbell. Les initiales du couple sont gravées sur le linteau de l'entrée du château.

Près des imposantes ruines du château se trouve le centre d'accueil touristique du barrage de Cruachan. Une galerie d'observation à l'intérieur de la montagne permet de voir la salle des turbines dans laquelle l'électricité est produite par l'eau qui tombe du réservoir supérieur, 364,5 m plus haut. Une merveilleuse aire de pique-nique a été aménagée à côté du Loch Awe et de l'autre côté de la route se trouvent les jolies chutes de Cruachan.

Dans le village de Lochawe, à l'embarcadère, des croisières sont organisées en été sur le *Lady Rowena*. On peut ainsi faire le tour des nombreuses îles du Loch Awe. La route passe par le col de Brander (Pass of Brander), où les deux pics du Ben Cruachan qui culminent à plus de 1.127 m projettent leur ombre sur les environs immédiats. Après le col se trouve le Loch Etive, un loch de mer reculé. Le bateau à vapeur est le seul moyen d'atteindre l'extrémité du loch : les horaires des bateaux de plaisance qui circulent en été sont disponibles auprès de l'office du tourisme d'Oban. Autrefois, le bateau à vapeur était le seul moyen de faire parvenir le charbon et les autres marchandises aux fermiers, qui venaient de petites fermes isolées se rassembler au ponton à l'extrémité du loch.

De l'embarcadère, une petite route en lacet traverse le Glen Etive avant de rejoindre la grand-route qui passe par le Glen Coe. Dans le Glen Etive, très sauvage, on peut apercevoir l'aigle royal, dont l'envergure peut atteindre 2,4 m. La montagne abrite également des cerfs, qui cachent leurs faons dans les coins les plus reculés jusqu'à ce qu'ils soient capables de se débrouiller seuls.

Avant d'arriver à Oban, une ville animée, prenez la route de Fort William qui passe sur le Connel Bridge – le paysage est spectaculaire. 16 km plus loin, sur la rive d'un loch de mer, le Loch Creran, se trouve le Sea Life Centre, qui intéressera toute la famille. On peut y observer des poissons de mer très rares et assister au repas des phoques.

C'est d'Oban qu'opèrent les ferries qui font la navette avec les îles. La plus grande est Mull, bien desservie

Kilchurn Castle, à l'extrémité du Loch Awe

notamment en été. De là, on accède à la merveilleuse île d'Iona, où saint Columba établit le christianisme au 6e siècle. Non loin d'Iona, sur l'île de Staffa, se trouve Fingal's Cave, une grotte de 69 m de profondeur et de 18 m de haut qui fut immortalisée par Mendelssohn dans l'ouverture des *Hébrides*. L'île toute entière est spectaculaire, avec ses immenses colonnes de basalte émergeant de la mer agitée. Deux excellents bateaux relient Iona à Staffa pendant les mois d'été et par beau temps, on peut débarquer sur l'île.

A Fishnish, un autre ferry de Mull traverse le détroit de Mull et rejoint Lochaline, à l'extrémité Sud de Morven. De là, la route de Fort William traverse de splendides paysages. Sur la route du littoral, à Corran, un ferry traverse le Loch Linnhe pour rejoindre Onich, où l'A82 mène à Fort William dans un sens et à Glencoe par le Ballachulish Bridge dans l'autre.

Pour découvrir Argyll par un autre itinéraire, prenez le ferry à vapeur qui relie Gourock, à 32 km à l'Ouest de Glasgow, à Dunoon, ou si vous avez le temps, celui d'Ardrossan dans l'Ayrshire, remontez la magnifique rivière Clyde et débarquez à Rothesay sur l'île de Bute. A l'extrémité Nord de l'île, un petit ferry traverse les Kyles of Bute vers le continent ; de là, l'itinéraire qui mène à Dunoon offre des paysages d'une majesté incomparable.

De Lochranza sur l'île d'Arran, un ferry relie Claonaig sur la péninsule de Kintyre pendant les mois d'été. Au sud de Claonaig se trouve une extraordinaire route qui suit la côte jusqu'à Campbeltown. Pour prendre les ferries qui desservent les îles d'Islay et de Jura, il faut aller à West Loch Tarbert ou à Tarbert.

Au Nord de Tarbert, l'A83 passe par Lochgilphead avant d'arriver à Inveraray, ville réputée pour le château du duc d'Argyll, Inveraray Castle. On peut visiter l'ancienne prison où le temps semble s'être arrêté : la salle du tribunal est peuplée de personnages grandeur nature représentant la loi. Après Inveraray, la petite route qui passe par Hell's Glen (la gorge de l'enfer) mène à Lochgoilhead et au European Sheep and Wool Centre, le Centre européen des moutons et de la laine.

A Oban, le *Lord of the Isles*, le nouveau ferry de la Caledonian MacBrayne, dessert les lointaines îles de Col et Tiree et les Western Isles.

Intérieur de la centrale électrique de Cruachan

Oban, port animé et grand terminus de ferries

Le front de mer de Tobermory, la "capitale" du Mull, et ses maisons de toutes les couleurs
L'historique abbaye d'Iona

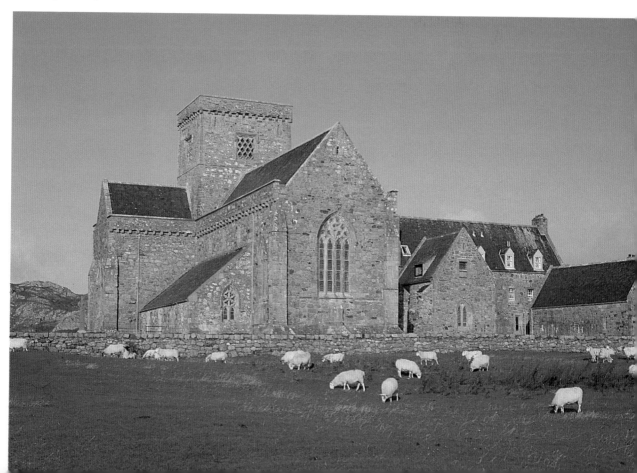

La grotte de Fingal sur l'île de Staffa
inspira Mendelssohn

Inveraray Castle, un des principaux
sites touristiques de l'Ouest de l'Ecosse

Le ferry entrant dans le port de Rothesay, île de Bute

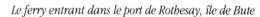

La campagne près de Brodick, Arran

Le Glen Coe et Fort William

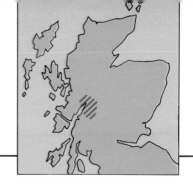

Le Glen Coe dans l'Argyll est entouré d'un imposant massif montagneux et de vastes landes austères. Le mont Buachaille Etive monte la garde devant l'entrée du glen – le nom signifie "grand berger d'Etive". Les excellentes pistes de ski de White Corries près de l'hôtel King's House viennent d'être prolongées et améliorées.

Dans cette superbe région, les sommets montagneux surplombent la route. Les "Three Sisters of Glencoe" (les trois sœurs) sont parfois enveloppées de brume, mais on les distingue très bien par temps clair, tout comme la crête d'Aonach Eagach, près du centre du National Trust for Scotland. Le Trust s'occupe de plus de 5.660 ha du Glen Coe et le centre est le meilleur endroit pour s'informer sur le glen et son histoire. Un garde forestier organise des randonnées dans les montagnes qui sont un véritable paradis pour les alpinistes mais qui peuvent être très dangereuses. Le temps change si brusquement qu'il est facile de s'y perdre – il arrive chaque année de nombreux accidents. Près du centre se trouve le terrain de camping de la Forestry Commission et il y a plusieurs autres terrains de camping dans le vallon.

Le Glen Coe s'étire jusqu'au Loch Leven entouré de montagnes. Le village de Glencoe est resté très typique mais le Ballachulish Bridge est relativement nouveau. Avant la construction du pont, un ferry traversait le Loch Leven jusqu'à Fort William. Autrement, il fallait passer par Kinlochleven à l'extrémité du loch – un détour des plus pittoresques.

C'est à l'arrivée du chemin de fer au 19e siècle qu'on doit le développement de l'actuelle ville de Fort William. La forteresse de 1655, reconstruite par le général Wade en 1724, fut démolie en 1864 pour faire place à une gare. Un train à vapeur arrive à Fort William par l'itinéraire touristique de la West Highland Line qui se termine à Mallaig. De là, un ferry permet de se rendre sur l'île de Skye. Dans les environs immédiats de Fort William, sur le chemin de Spean Bridge et du Great Glen, une petite route en lacet conduit au pied du Ben Nevis en traversant les splendides paysages du Glen Nevis. Un sentier continue jusqu'à Rannoch Moor. Dans le glen, plusieurs terrains de camping permettent de séjourner dans cette magnifique région montagneuse.

A 6 km au Nord de Fort William, sur la route de Spean Bridge, se trouve le Nevis Range, situé sur le mont Aonach Mór (1.221 m) à côté du Ben Nevis et doté du seul système de nacelles alpines de Grande-Bretagne. Ouvert toute l'année sauf en novembre, ce domaine skiable moderne comporte sept remonte-pentes et la plus longue piste de ski d'Ecosse (plus de 2 km). Des randonnées de montagne guidées et des chemins balisés permettent aux passionnés de la nature d'observer de plus près la faune, la flore, les cirques et les forêts de ces montagnes qui sont les plus hautes de Grande-Bretagne.

A Corpach, sur la "Road to the Isle", la route A830, se trouve le Treasures of the Earth Centre. Dans ce centre des "trésors de la terre", on peut admirer la plus belle collection européenne de pierres précieuses et de cristaux, qui sont exposés dans des décors très réalistes de grottes, cavernes et mines.

A Lochy Bridge, aux environs de Fort William, se trouve la distillerie Ben Nevis, où le visiteur fait connaissance avec "la légende de la rosée du Ben Nevis". En 1825, "Long John" MacDonald ouvrit la distillerie au pied du Ben Nevis, où la source des eaux est si pure et si rare que sa qualité est insurpassable. Incidemment, le nom gaélique du whisky est *uisge beatha* ou "l'eau de vie".

L'étonnant paysage montagneux du Glen Coe

Buachaille Etive Mór, à l'entrée du Glen Etive

Brume matinale sur les Trois Sœurs de Glencoe

Le Loch Leven à Ballachulish

*Un train à vapeur de la
West Highland Line près
du viaduc de Glenfinnan*

*Les eaux du Nevis
traversent le pittoresque
paysage du Glen Nevis*

*Restaurant et arrivée
de nacelles, Nevis Range,
près de Fort William*

*Son exposition unique
de pierres précieuses et
de cristaux à valu
au Treasures of the Earth
Centre, à Corpach,
de recevoir le "Chardon"
du tourisme, décerné par
le Scottish Tourist Board*

*Ben Nevis Distillery,
Lochy Bridge*

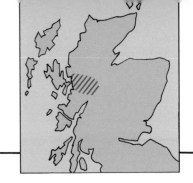

Le Glen Shiel
et la "Route des îles"

La nationale A87 qui traverse le Glen Shiel et arrive à Kyle of Lochalsh est une des deux "Roads to the Isles", les routes qui mènent à Skye et aux Western Isles (l'autre est l'A830 en lacet, de Fort William à Mallaig). Le Glen Shiel dans le Ross-shire est un vallon sauvage et pittoresque, dominé par les montagnes des Five Sisters of Kintail (les cinq sœurs) et du Saddle. Sa beauté est exacerbée par les lochs alimentés par les eaux qui descendent en cascades le long des ravines. Deux grands lochs sont situés près de la route : le Loch Cluanie à l'entrée du glen, et le loch de mer, le Loch Duich, à la sortie, qui converge avec le Loch Long et le Loch Alsh, qui sont aussi des lochs de mer.

Près du Loch Cluanie, dont le barrage comporte un point de vue, se trouve un ancien poste de diligence particulièrement bien situé pour les voyageurs et les alpinistes. De Cluanie Inn, on peut aisément se rendre à Inverness, Fort William, Fort Augustus et Drumnadrochit. Non loin à l'ouest se trouve Kyle of Lochalsh, où des ferries font fréquemment la navette avec l'île de Skye. Des troupeaux de cerfs se promènent dans les collines près de l'auberge et à l'aube, ils descendent pour brouter dans le glen et boire aux sources de montagne. Comme leur robe se fond dans le paysage, les cerfs sont plus faciles à apercevoir quand ils se déplacent.

Eilean Donan Castle, à Dornie, est sans doute le château écossais le plus photographié. Cet ancien fort fut remplacé au 13e siècle par un château doté d'un grand mur d'enceinte. Au 14e siècle, il tomba aux mains du comte de Moray, un propriétaire cruel et impitoyable, dont le barbarisme s'illustra lors d'un incident célèbre : pour donner une leçon aux habitants de la région, il en fit assassiner cinquante et pendit les têtes, jusqu'à ce qu'elles pourrissent, aux remparts du château. Aujourd'hui, le château est le bastion du clan MacRae et il abrite le monument aux morts du clan.

Le château est situé à l'embouchure du Loch Duich. Il est dominé par Beinn a' Chùirn et les lointaines montagnes du Glen Shiel. On y accède par une chaussée et sur le linteau de la porte, on peut lire une inscription en gaélique qui dit : "Tant qu'il y aura un MacRae ici, il n'y aura pas de Fraser dans les environs". En 1719, le château fut presque entièrement détruit. Les travaux de reconstruction durèrent de 1912 à 1932. Depuis 1990, le château est illuminé, ce qui ajoute encore à son charme romantique. Par temps clair, il se reflète dans le Loch Duich.

Plockton, le paradis des plaisanciers, est entretenu par le National Trust for Scotland et se situe plus à l'Ouest dans une baie très abritée à côté du Loch Carron, un loch

de mer. Tout le long de l'étroite route du littoral, le paysage est splendide.

Glenelg est situé au sud-ouest de Kyle de Lochalsh, sur le détroit de Sleat. En été, un petit ferry fait la navette entre l'île de Skye et ce charmant village, enfoui dans un coin reculé des Highlands. Au détroit de Sleat, deux lochs de mer, le Loch Hourn et le Loch Nevis, pénètrent dans une région isolée superbe, idéale pour les randonneurs. En été, les plaisanciers ont grand plaisir à explorer les deux lochs. A l'extrémité du Loch Hourn, la petite route qui va au Glen Garry rejoint la grand-route Inverness-Fort William. Le Loch Nevis, le loch de mer le plus profond d'Europe, est plus difficile à atteindre, bien qu'on puisse s'y rendre par le ferry qui relie Glenelg à Mallaig. Il n'existe aucune route entre les deux, mais de Glenelg, une petite route mène à Shiel Bridge par la montagne.

Le Glen Shiel et le Saddle

Bernera, près de Glenelg, est situé dans un paysage pittoresque au Sud-Ouest de Kyle of Lochalsh

La beauté sauvage du Loch Cluanie

Le très ancien Eilean Donan Castle, près de
Dornie, est relié à la rive par une chaussée

Les magnifiques Cinq sœurs de Kintail,
couronnées de neige, surplombent le Loch Duich

Le port abrité de Plockton

Le splendide littoral du Loch Carron, un loch de mer

Le paisible Loch Hourn – très apprécié des plaisanciers en été

Les Highlands du Sud-Ouest

Les Highlands du Sud-Ouest sont situés entre le Loch Alsh et Wester Ross. C'est une région isolée, empreinte de solitude, qui comprend des chaînes de montagne mystérieuses, de larges glens et de magnifiques lochs. A l'extrémité du Loch Long se trouve le sentier qui mène aux chutes de Glomach. Cette randonnée de 11 km est très difficile et il est déconseillé de l'entreprendre seul. Il faut compter environ huit heures aller et retour. Ces chutes sont parmi les plus spectaculaires de Grande-Bretagne : elles ne sont pas les plus hautes mais leur cascade de 111 m est exceptionnelle. Une randonnée moins difficile de 8 km part de l'aire de stationnement de Dorusduain, près de l'école d'aventure du National Trust for Scotland à Morvich, et dure au total cinq heures.

A Torridon, le matériel audio-visuel et les photos du Trust permettent de s'informer sur la faune et la flore, et un garde forestier organise des randonnées guidées. Le Trust s'occupe de 6.500 ha dans une région qui est une des plus belles des Highlands. Pour une randonnée plus spectaculaire, choisissez la Torridon Walk, qui part de la gare d'Achnashellach à Torridon : le sentier suit les rivières et les lochs et passe entre deux grands monts, le Beinn Liath Mhór et le Maol Chean-dearg, qui font plus de 900 m de haut. Le Trust s'occupe aussi des magnifiques chutes de Balgy Falls, au bout du Loch Damh, près du loch de mer d'Upper Loch Torridon. Le Loch Damh est un loch intérieur isolé très long, dominé de part et d'autre par le Ben Shieldaig et le Beinn Damh.

Le Trust gère la réserve d'oiseaux du Loch Shieldaig et il y a deux réserves naturelles de cerfs, une au Loch Carron et l'autre près du Glen Shieldaig. Le plus grand parc naturel est le Beinn Eighe National Nature Reserve près de Kinlochewe, où l'on peut admirer des cerfs, des aigles royaux, des martres et des chats sauvages.

Dans cette région du Sud-Ouest des Highlands, il est un itinéraire que les touristes à l'esprit aventureux apprécient tout particulièrement. Il part de l'A896 près de Kishorn, traverse le Pass of the Cattle (Bealch nam Bo) sur une étroite route de montagne en lacet, aux virages en épingle et aux dénivellations brutales. On descend ainsi de 616 m, la route se fait plus plate et Applecross apparaît avec ses merveilleuses plages de sable et sa solitude tranquille.

L'étroite route du littoral au nord d'Applecross se tortille, monte et descend constamment avant d'arriver à Shieldaig, un petit village blotti contre les montagnes des rives du Loch Shieldaig à l'ambiance paisible.

Les chutes de Glomach à l'extémité du Loch Long

Les eaux turquoise du Loch Torridon

Le Loch Shieldaig,
encadré de forêts pittoresques

Les pics enneigés du Beinn Eighe

Applecross était autrefois le village le plus
inaccessible de l'Ecosse continentale

L'archipel des Hébrides : Skye et les Western Isles

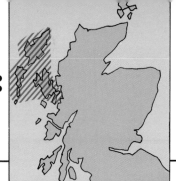

L'île de Skye, dans les Hébrides intérieures, fait partie intégrante des Highlands. Sur cette île brumeuse faite de montagnes mystérieuses et de péninsules longues et fertiles, le mode de vie n'est ni citadin ni commercial. On y trouve encore de nombreuses fermes et la pêche continue à jouer un rôle important.

Le principal massif montagneux est celui des Cuillin Hills, ou Black Cuillins, et les alpinistes du monde entier viennent se mesurer à leurs gigantesques pics. Le massif est situé au Sud-Ouest de l'île. La vue est particulièrement belle d'Elgol et de Sligachan Bridge. Les pics embrumés des Red Cuillins de granit rose surplombent la route de Kyleakin à Portree.

Dans la belle forêt de Portree, le Skye Heritage Centre propose une exposition sur l'histoire, la culture et les paysages de l'île. Il y a un restaurant et une boutique où on trouve des livres, de la musique et de l'artisanat.

De Portree, la route A855 offre un très beau point de vue du Storr, un superbe massif montagneux de 16 km de long aux rochers de formes curieuses dont l'un s'appelle Old Man of Storr (le vieil homme de Storr). Il y a également deux belles cascades, les Lealt Falls and Gorge et les Kilt Rock Falls. Cette dernière est spectaculaire : le Loch Mealt est la source d'une rivière qui coule sous un pont et tombe en cascade sur une dangereuse falaise abrupte appelée Kilt Rock, qui domine la mer à 50 m en contrebas.

Près de Staffin se trouve le Quiraing où niche l'aigle royal. Ce chaos rocheux est formé d'une curieuse façade de rochers aux formes déchiquetées, de "tables" couvertes de gazon et d'éboulis. La route d'Uig à Staffin est très sinueuse et se termine par un virage en épingle.

Près de Kilmuir se trouve le monument élevé à Flora Macdonald, l'héroïne jacobite qui sauva le Bonnie Prince Charles en le déguisant en femme et en le faisant passer des Western Isles à Skye. Au même endroit se trouve le Skye Museum of Island Life où plusieurs chaumières superbement restaurées illustrent la vie d'autrefois des paysans de l'île.

De Kilmuir pour arriver à Uig qui se trouve un peu plus loin sur la route du littoral, il faut négocier toute une série de virages en épingle, mais du sommet la vue est splendide. C'est d'Uig que les ferries de la compagnie MacBrayne font la liaison avec les Western Isles.

La route A856 au Sud d'Uig rejoint l'A850 de Dungevan, qui serpente le long de la côte pendant une partie du chemin. Dunvegan Castle est la demeure des MacLeods de MacLeod. C'est un château très ancien, digne d'intérêt. Le Loch Dunvegan, un loch de mer, est le rendez-vous favori des phoques gris qui s'interpellent parfois d'une rive à l'autre – un son inoubliable. De Dunvegan, la route Sud finit par rejoindre celle de Kyleakin au Sligachan Bridge, d'où l'on peut encore apercevoir les mystérieuses Cuillin Hills. Après le pont, à l'écart de la route, à Luib, se trouve un autre "croft museum" ou musée des fermes.

En suivant la route de Kyleakin, on passe devant un excellent centre d'étude pour géologues, à Broadford, où la route bifurque vers Elgol sur l'A881. Près d'Armadale se trouve le Clan Donald Centre, un ancien château qui abrite un Museum of the Isles, avec support audio-visuel et boutique d'artisanat. Au printemps, les jardins sauvages et boisés sont égayés de primevères et de jacinthes.

En été, le ferry d'Armadale fait la navette entre la Sleat Peninsula et Mallaig, un port de pêche touristique et très animé. En descendant du bateau, les passagers peuvent prendre la correspondance pour Fort William : ce voyage en train à vapeur est particulièrement agréable et les paysages sont splendides. En voiture, la route traverse des montagnes et des lochs avant d'arriver à Glenfinnan où se trouve un monument géré par le National Trust for Scotland, dédié au Bonnie Prince Charles.

Les Western Isles, dans les Hébrides extérieures, possèdent une beauté toute particulière. Si l'on en juge par les monuments préhistoriques que l'on trouve un peu partout dans les îles, il est possible qu'elles soient habitées depuis 10.000 ans.

Leur beauté tient en partie à leur éloignement. Elles ont échappé au rythme de la vie moderne et urbaine et offrent l'endroit idéal pour se resourcer.

La côte est bordée de plages de sable doré et la mer y est turquoise foncé. Les parcs naturels et les réserves ornithologiques sont idéals pour observer les oiseaux et la flore. La faune est abondante : cachés dans leur habitat naturel, des cerfs apparaissent soudain au détour d'un sentier, ou des phoques au bord d'une plage.

Les îles principales sont Barra et Vatersay, qui viennent d'être reliées par une chaussée ; South Uist, Benbecula et North Uist, reliées par deux grandes chaussées ; et Harris et Lewis, reliées par la grand-route qui va de South Rodel, au Sud d'Harris, au Butt of Lewis. Lewis est la plus grande des îles et c'est là que se trouvent les fameuses Callanish Stones, des mégalithes préhistoriques qui remontent à 2000 ans avant J.-C.

La plupart des liaisons avec le continent se font par les bateaux de la Caledonian MacBrayne mais Benbecula possède un bon aéroport. En été, la Caledonian MacBrayne propose des billets "Hopscotch" qui permettent de faire le tour des principales îles.

La pêche et l'élevage continuent à jouer un rôle important dans l'économie des îles. Les habitants parlent gaélique et le tissage à domicile subsiste. De nombreux petits ferries, pour les voitures ou les piétons, assurent la liaison avec les autres îles et permettent au visiteur d'accéder aux endroits plus reculés.

Le temps varie mais il arrive qu'en mai, le soleil rende le sable si chaud qu'on ne peut y marcher. Souvent, quand il fait mauvais sur le continent, ces îles lointaines sont baignées de soleil. Elles comptent de nombreux hôtels et terrains de camping pour caravanes.

La seule "grande" ville est Stornoway, sur l'île de Lewis, au fond de Broad Bay. Un magnifique chemin de randonnée le long de la rivière relie Stornoway Castle, qui domine la ville, à Gallows Hill (colline des potences), ainsi nommée parce qu'on y pendait les criminels.

Le ferry fait la navette entre Stornoway et Ullapool sur le continent – l'animation des arrivées et des départs rappelle au visiteur que les habitants des îles ont un mode de vie bien différent du leur.

Le ferry de Skye à Kyleakin

La silhouette spectaculaire des Cuillins. Cartouche : *Le Skye Heritage Centre dans la magnifique Portree Forest*

Dunvegan Castle, demeure du Clan MacLeod et centre mondial de réunion des membres du clan

Un virage en épingle au Quiraing, dans le royaume de l'aigle royal

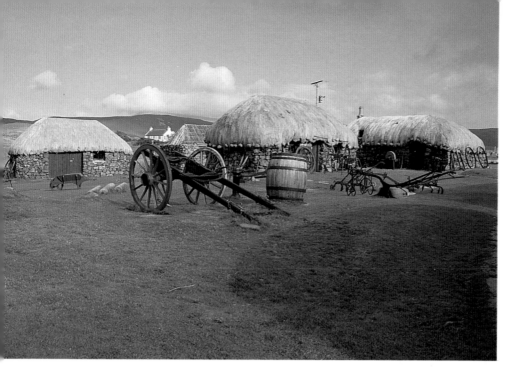

A Kilmuir, le Skye Museum of Island Life présente d'anciens appareils ménagers et des machines agricoles d'autrefois

Uig Bay – un ferry fait la navette entre ce port et les Western Isles dans les Hébrides extérieures

*Les rochers du littoral des Western Isles
sont égayés de touffes de jonc marin rose
(Armeria maritima)*

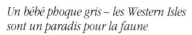

*La baie de sable blanc de Seilebost,
South Harris*

*Un bébé phoque gris – les Western Isles
sont un paradis pour la faune*

*Les cerfs se combattent
pour établir leur
suprématie pendant
la saison du rut en octobre*

Les Highlands de l'Ouest

La côte accidentée, les massifs montagneux, les profonds lochs de mer et les nombreuses petites îles des Highlands de l'Ouest, situés entre les régions de Wester Ross et de Sutherland, offrent des panoramas d'une beauté extraordinaire. Si la région est plus pluvieuse que la côte Est, elle est aussi plus chaude.

De Gairloch à Ullapool, la route du littoral est merveilleuse, ponctuée de massifs montagneux et de lochs de mer très ouverts. En été, les longues plages de sable blanc et les baies cachées attirent les campeurs.

Les Inverewe Gardens, jardins situés dans la baie abritée du Loch Ewe près de Poolewe, sont presque subtropicaux. Ce paradis inattendu est superbement entretenu par le National Trust for Scotland. En 1862, Osgood Mackenzie releva le pari de créer un jardin subtropical sur le grès rouge, dans un sol de tourbe acide. Il enrichit la terre en y ajoutant notamment de l'argile bleue provenant du rivage : une fois la tourbe bien drainée, le miracle se produisit. Des arbres, arbustes et fleurs du monde entier se plaisent désormais sur les 810 ha des jardins d'Inverewe. Il fallut soixante ans à Osgood Mackenzie pour terminer cet exploit.

Ullapool accueille de nombreux navires et yachts étrangers qui font escale dans son port. C'est de là que les ferries de la Caledonian MacBrayne partent pour Stornoway et le billet "Hopscotch" permet de se rendre à Oban en passant par les Western Isles.

Une difficile route en lacet près d'Ullapool et de l'Inverpolly Nature Reserve mène à Inverkirkaig (où se trouve une librairie extraordinaire). Attention, cette ravissante route est étroite et n'a qu'une seule voie. A Lochinver, la nationale A837 traverse les montagnes mais la route du littoral continue jusqu'à Kylesku Bridge. Près du pont se trouve la plus haute cascade britannique, l'Eas-Coul-Aulin, dont la chute de 197 m est trois fois plus haute que celles du Niagara.

Cette région isolée possède une majesté unique et ne ressemble pas aux autres parties des Highlands. Le paysage est plus sauvage et plus désolé, mais c'est ce qui fait la force de sa beauté éternelle.

Le Loch Broom vu d'Ardcharnich

La baie sablonneuse abritée de Gairloch

Les Inverewe Gardens, dans un climat qu'adoucit le Gulf Stream

Sandwood Bay, au Nord de Kinlochbervie,
est célèbre pour la beauté de son paysage vierge

Un arc-en-ciel encadre les bateaux de pêche dans le port
d'Ullapool qui est aussi un lieu de villégiature

Les spectaculaires chutes d'Eas-Coul-Aulin, près de Kylesku

Inverness et les environs de l'A9

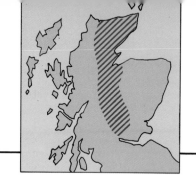

Inverness, la capitale des Highlands, est située à l'embouchure de la rivière Ness sur la côte du Moray Firth. Le château d'Inverness fut bâti aux alentours de 1840 pour servir de tribunal et de prison. Il surplombe la rivière Ness et depuis peu, on peut en visiter une partie.

Inverness occupant une position centrale, on peut aisément y faire étape pour explorer les Highlands. Ullapool sur la côte Ouest, par exemple, n'est qu'à 88 km. Depuis quelques années, de nombreux travaux ont été faits pour améliorer les communications par la route. En 1982, le Kessock Bridge a remplacé le ferry qui faisait la navette entre le Beauly Firth et Black Isle. Le Cromarty Bridge fut inauguré en 1979 – il traverse le Cromarty Firth depuis Black Isle – et le nouveau Dornoch Bridge sur le Dornoch Firth permet désormais d'accéder directement à Wick et à Thurso. L'aéroport d'Inverness assure des liaisons avec Aberdeen, les Western Isles, les Orcades et les Shetland, et dessert Edimbourg, Glasgow et Londres.

Le Loch Ness n'est pas très loin d'Inverness et une route ceinture le loch. Il est conseillé de commencer l'excursion à Dores, sur la rive la moins fréquentée. On passe alors devant de magnifiques chutes, à Foyers, en direction du Sud. A Fort Augustus, la route rejoint la nationale A82 Inverness-Fort William. A Fort Augustus, l'abbaye bénédictine fut construite en 1876 sur l'emplacement de la forteresse que le général Wade avait édifiée au 18e siècle comme point de communications militaires pour Fort William et Fort George. La forteresse fut rasée pour faire place à l'abbaye. Le grand parc est ouvert au public. Au retour, de Fort Augustus à Inverness, la route passe par Urquhart Castle et Drumnadrochit, où se trouve l'exposition officielle sur le fameux monstre, "Loch Ness Monster Exhibition".

A quelques kilomètres au Sud-Est d'Inverness se trouve le champ de bataille de Culloden, entretenu par le National Trust for Scotland, et son centre audio-visuel. Non loin, on peut visiter Cawdor Castle, demeure des Campbells de Cawdor. La côte de Moray abrite le magnifique Fort George et on trouve de bons terrains de golf et des plages de sable près de Nairn.

Il ne faut pas manquer de visiter Cromarty Court House, sur Black Isle, au Nord d'Inverness. Le bâtiment remonte à 1773, et on peut y admirer des personnages animés, les premiers du genre en Ecosse. Un "tour" de Cromarty est disponible sur cassette. Pour vous aventurer plus au Nord, suivez la route du littoral jusqu'à Dunrobin Castle, à Golspie. Le château est la demeure historique des comtes et ducs de Sutherland. Le grand donjon intérieur fut bâti en 1275 et le reste de l'ensemble un siècle plus tard.

A Hemsdale, un musée intitulé "Timespan", illustre l'histoire des Clearances et la vie d'antan dans les Highlands. La nationale A9 suit la côte rocheuse jusqu'à Dunbeath où se trouve un remarquable "Heritage Centre". On arrive ensuite à Wick, une petite ville très animée, puis à John o' Groats, où la "Last House in Scotland" (la dernière maison d'Ecosse) abrite un intéressant musée. Non loin se trouve Gills et son nouveau port ferry pour se rendre aux Orcades. Le Castle of Mey, château qui appartient à la Reine mère d'Angleterre, est situé entre John o' Groats et Thurso, près de Dunnet Head, le point le plus septentrional des îles britanniques.

La longue côte qui encadre les Highlands du Nord, de John o' Groats à Durness, est ponctuée de magnifiques plages de sable et de hautes falaises rocheuses. Trois excellentes routes permettent d'accéder à l'arrière-pays : celle de Bettyhill, qui surplombe une grande baie sablonneuse ; celle de Tongue, située au-dessus de la chaussée qui traverse les Kyles of Tongue ; et celle de Durness, à proximité des Smoo Caves et de plusieurs baies de sable. Les trois routes convergent à Lairg au bord du Loch Shin, près des remarquables chutes de Shin. La route qui vient de Lairg passe sur le Bonar Bridge et mène à Alness, non loin d'Inverness.

Au Sud d'Inverness, les nombreux endroits touristiques sont bien indiqués de la nationale A9. Citons notamment le Landmark Centre, à Carrbridge, avec ses nombreux itinéraires aménagés pour les amoureux de la nature ; Kincraig Wildlife Park, qui est associé au zoo d'Edimbourg ; Aviemore Centre, immense complexe récréatif et sportif ; et le Strathspey Railway qui propose un passionnant voyage en train à vapeur entre Boat of Garten et Aviemore. Plus au Sud se trouve Blair Castle, entouré de superbes bois et où se trouve également un terrain de camping. Killiecrankie est l'endroit où les Jacobites gagnèrent une bataille en 1689 : on raconte qu'un des soldats s'échappa en sautant par dessus la gorge.

Non loin de là se trouve la ravissante ville de Pitlochry, dont la position centrale est idéale pour visiter les nombreux sites touristiques des environs, comme par exemple le Pitlochry Dam Visitors' Centre et son "échelle" à poissons, qui fut créée suite à la construction du barrage hydro-électrique sur la Tummel dans les années 1950. De la salle d'observation sous l'eau, on peut voir les saumons emprunter l'échelle spécialement conçue qui passe sous le barrage. Ils se dirigent ensuite vers le Loch Faskally, un loch artificiel, avant de rejoindre leurs frayères. Un support audio-visuel explique en détail le fonctionnement de ce passionnant complexe.

Dans les environs immédiats de Pitlochry, à l'endroit où le Pitlochry Festival Theatre propose un programme complet avec nuit des Highlands tous les lundis, se trouvent deux distilleries de Scotch whisky : Edradour Distillery fondée en 1825, qui se dit la plus petite distillerie d'Ecosse et Blair Athol Distillery.

De Pitlochry, on peut facilement se rendre au Forestry Commission Centre de Queen's View, ainsi nommé parce que la reine Victoria avait été émerveillée par la vue panoramique sur le Loch Tummel, le Schiehallion et le lointain Glen Coe. L'Hermitage de Dunkeld est situé au sud de Pitlochry, à l'écart de la nationale A9, parmi les cascades et les rapides de la rivière Braan.

Les environs de Pitlochry comptent de nombreux bourgs, comme Blairgowrie, Aberfeldy, Kirkmichael, Dunkeld et Moulin, un village classé dont l'église existe depuis plus de 1400 ans. La ville historique de Perth, avec ses nombreuses attractions, est à 48 km, à l'écart de la nationale A9 direction Sud.

Les Highlands d'Ecosse sont une des dernières régions sauvages d'Europe, encore gouvernées par la nature plutôt que par l'homme. Si tout va bien, il en sera toujours ainsi.

Le château d'Inverness domine la rivière Ness

Fort Augustus, ancien poste avancé de la dynastie de Hanovre qui combattit les insurgés jacobites des Highlands

Le Loch Ness Monster Exhibition Centre à Drumnadrochit

Culloden Moor où l'armée jacobite du Bonnie Prince Charles fut vaincue en 1746 par le duc de Cumberland

Wick était autrefois un important port de pêche et centre de salaison des harengs. Ce nom vient du mot scandinave vik qui signifie "baie"

*Plages de sable sur fond
de riches pâturages près
de Durness, sur la côte
des Highlands du Nord*

*Les belles chutes de Shin,
près de Lairg, une petite
ville touristique au bord
du Loch Shin*

*Blair Castle, dans le style
traditionnel des demeures
seigneuriales écossaises,
Blair Atholl*

L'historique col de Killiecrankie, emplacement de l'extraordinaire Soldier's Leap (saut du soldat)

Au barrage de Pitlochry, des salles d'observation permettent d'admirer les saumons qui remontent la rivière vers leur frayère

Sur le Loch Tummel, le beau panorama de Queen's View doit son nom à la reine Victoria

Renseignements complémentaires

Il existe plusieurs organisations chargées de protéger le patrimoine de l'Ecosse. La plus grande est le National Trust for Scotland qui, depuis 1931, s'attache à entretenir et protéger les trésors architecturaux, naturels et historiques qui lui sont confiés et à encourager le public à les découvrir. Œuvre indépendante sans but lucratif, le Trust est financé grâce aux dons divers et aux cotisations de ses membres. Il œuvre en collaboration avec le Scotland's Garden Scheme et le service des gardes forestiers.

La Forestry Commission est un organisme gouvernemental qui veille à ce que de grandes étendues d'Ecosse, notamment dans les Highlands, soient boisées pour les générations actuelles et futures. La Commission crée et entretient des chemins de randonnée en forêt, des itinéraires aménagés, des aires de pique-nique, des terrains de camping et des centres d'accueil touristiques

Les imposantes ruines d'Urquhart Castle dominent le Loch Ness

comme le Queen Elizabeth Forest Park et le centre audio-visuel de Queen's View près de Pitlochry.

Historic Scotland gère 330 sites et monuments historiques à travers l'Ecosse. Dans les Highlands, la distillerie de Dallas Dhu, au sud de Forres, illustre les méthodes ancestrales de distillation. Urquhart Castle, situé sur un promontoire rocheux du Loch Ness, près de Drumnadrochit, est un des plus grands châteaux des Highlands. Kildrummy Castle, près d'Alford, sur Castle Trail (la route des châteaux), est considéré comme "la perle des châteaux des Highlands".

Au nom du peuple écossais, le Parlement a chargé Scottish Natural Heritage de protéger et de mettre en valeur le patrimoine naturel de l'Ecosse – la faune, les habitats et les paysages dont l'évolution est le fruit de la longue alliance entre les hommes et la nature. Le but de Scottish Natural Heritage est de permettre à tous de jouir du patrimoine naturel, de le comprendre et d'en user avec sagesse, "d'une manière durable". La loi qui régit la fondation de cet organisme, le "Natural Heritage (Scotland) Act 1991", a inscrit pour la première fois le mot "durable" dans l'histoire de la législation britannique.

Coucher de soleil devant Fort George